Les montagnes russes dans sa tête

Loghan Troadec

Les montagnes russes dans sa tête

Recueil

ISBN : 979-10-377-5502-5

Le garçon s'approche de son corps,
Et dans une énergie vive
Le craquement de sa tête
Effleure la surface.

Les larmes coulent sur la fragilité de
Son corps,
Les escaliers paraissent
Interminables, et sa douleur aussi.
Le groupe ris le sang qui coule du poignet.

La pièce est d'une froideur absolue.
L'aiguille tourne d'une lenteur
Absolue. Son père va enfin arriver.

La mort d’un pas décidé,
le papier blanc deviendra sa toile.

La serrure tremble et le geste
Semble s’approcher.

Le frère pleure ses larmes de chagrin.
La peau souffre mais le cœur brille.

Un verbal déchirant pour
Un couloir innocent.

Sa peau effleurée,
Les montages russes dans sa tête.

Le préau s’assombrit,
Le ciel grisâtre à mauvaise mine.

Dans une solitude mortelle,
Il chantonne.

Le chant est de plus en plus fort,
Il ne veut pas voir la vérité.

D’une minute à l’autre, les corps
S’entremêlent avec une énergie
Dévorante, plus que cruelle.

Il marche dans une gaieté bien
Dépourvu de joie.

Les os craquent, les genoux pliés.
C'est avec les yeux levés qu'il pense
Être réveillé.

Leurs lèvres se touchent.
Les corps entremêlés dans une
Chaleur humaine.
Il le regarde avec insistance avant
De fuir.

Le tissu est imprégné
De substances,
Le caleçon dévoile des pensées
Bestiales.
L'autre garçon ferme les yeux.

La transpiration ruisselle sur les
Deux chaires,
Le cœur est de plus en plus fragile.
Le moment est venu,
Il est désemparé.

Dans le crépuscule, les pensées
Sont amers.
Il faut dormir, de suite.
Le ciel appelle à rêver mais il en
Décide autrement.

Les regards se croisent,
La respiration est difficile.

Les mains se rapprochaient de plus
En plus, le teint rouge marque une
Peau douce et sensuelle.

Il craque.

Passer la porte, un tunnel de l’enfer.
Il ose et s’avance.

Il voit trouble. Non pas par ivresse
Mais par amour.

Un corps est à quelques mètres de
Lui. Ce visage si paisible lui fait
Extrêmement peur.

Il recherche la vie, mais ne la
Trouvera jamais plus en elle.

Les cils s'entremêlent dans un
Combat enragé.
Dans une respiration apaisée, les
Images sont submergées,
La noyade.

La porte ne risque plus de s'ouvrir.
Il faut le guérir.

Une voix douce apparaît derrière
Cette fine épaisseur de bois.

C'était un élan d'amour sous une
Plaque de marbre.

19 h 30.
Le ton monte, il s'y perd.
Cette voix l'abasourdit. Il est blessé.
L'objet brille sur sa rétine mais
Semble innocent.

19 h 51.
Il a chaud. Il prend peur.
D'un coup engagé, l'objet devient
Une arme.
Le carrelage dévoile peu à peu un
Liquide rouge qui semble si épais.
Il est détruit. Les larmes coulent par
Milliers. Elles veulent dire Je t'aime.

Il fait noir.

Le silence apparaît.
Des êtres montrent leurs présences,
Il sent leurs âmes meurtries.

Son corps dans les tissus le
Sécurise. Chaque fil, chaque partie
De peau recouverte est pour lui une
Armure.
Non pas pour faire la guerre,
Mais l’amour.

Une écume sur le contour de sa
Bouche. Il le regarde avec mépris.
Des vagues caressent son jean.
C’est trop tard.
Le garçon marche, humiliation totale.

L’encre bleue coule sur cette page
Vide. 12 juillet 2010. 11 h.

Cette portière ouverte semble
Arrêter le temps. Dans les minutes
Qui suivent. Le garçon court.

Le vent balaye ses tissus, les
Cheveux virevoltaient. Le voilà au
Sommet de cette roche.

La pierre est dur, froide et cache
Bien des secrets. Son amie arrive
Enfin. L’extase.

L’herbe verte du matin sous une
Brume d’hiver. Les pieds caressent
Celle-ci avec bienveillance et
Compassion. Le corps s’y jetait.
Une larme sous les yeux qui laisse
S’en paraître. Elle tombe sur des
Pétales pleines de souffrance.
Le cœur souffre, mais la nature
Revit.

L’écorce est déchirée.
Dans cette violence la sève
Déborde. Elle coule encore et
Encore. Il suffisait d’une caresse,
Elle est belle et luisante.
La couche de peau est
À nouveau visible.

Autour de lui, un bruit assourdissant.
Les portes se ferment et les visages
apparaissent.
Petit à petit.

Il hoche les sourcils.
Des voix murmurent dans son oreille,

Il ne veut pas les écouter. Il se morfondre.
Une sonnerie retentit, il faut se lever.

Dans la pénombre de la nuit, son
Secret se dévoile.
Le tiroir s'ouvre avec grâce.
Il sait ce qu'il l'attend.

Cet écrin d'une symbolique
Morbide l'attire.
Il ne le regarde que très peu.
Les roses sentent la beauté et
L'image la tristesse. La boîte se
Referme/Le deuil est passé.

Les pensées flottent face au soleil,
Découragées elles abandonnent cette nage.
Elles meurent.

Le vent souffle sur cette fenêtre.
La lune est égoïste.
Le garçon doit la regarder.
Dans un silence troublant,
Son regard est attiré.
Non pas par cette présence
Lumineuse, mais par cette fille qui lui
Donne tant d'amour.

La table est griffée d’insultes,
Le bois lui ne le ressent pas.

Imprimé en Allemagne
Achevé d'imprimer en février 2022
Dépôt légal : février 2022

Pour

Le Lys Bleu Éditions
40, rue du Louvre
75001 Paris

www.ingramcontent.com/pod-product-compliance
Lightning Source LLC
LaVergne TN
LVHW050344160826
845677LV00014B/3782

* 9 7 9 1 0 3 7 7 5 5 0 2 5 *